S M S

DER KURZNACHRICHTENDIENST

HELMUT KROPP

ISBN: 9783738643886

FSC
www.fsc.org
MIX
Papier aus ver-
antwortungsvollen
Quellen
Paper from
responsible sources
FSC® C105338

SMS

Was ist eine SMS?

Ein „Kurznachrichten-Dienst"

SMS = „Short Message Service"

Am 3.12.1992 verschickte der britische Ingenieur Neil Papworth beim Mobilfunkanbieter Vodafone die erste SMS. Text: „Merry Christmas" per PC auf ein Handy.

Versendete SMS in Deutschland:

- 2002:   18,4 Milliarden SMS
- 2012:   59,9 Milliarden SMS
- 2021:   7,8 Milliarden SMS

01-2022: monatliche Nutzer

SMS :   188 Milliarden

Whatsapp :   3042 Milliarden

Der SMS-Standard hat den Vorteil, dass er auf jedem Handy funktioniert und keine Internetverbindung oder gesonderte Anmeldung voraussetzt. Die meisten Mobilfunktarife beinhalten eine SMS-Flat, sodass keine zusätzlichen Kosten entstehen.

Eine SMS hat maximal 160 Zeichen:

Diese Zeile z.B. hat 60 Zeichen:

---------- ---------- ---------- ---------- ---------- ---

Worauf müssen Empfänger einer SMS achten?

Es wäre nicht normal, wenn Betrüger nicht versuchen würden, per SMS Schaden anzurichten.

Zwar können sie nicht eine Webadresse zum sofortigen Anklicken und Aufrufen einer Webside mit Schadsoftware in der SMS unterbringen.

DHL z.B. hat aber gewarnt, wenn Kunden nach Adresse und weiteren Daten („Aktualisierung") gefragt werden, auch wenn als Absender DHL genannt wird. Derartige SMS sollten sofort gelöscht, keinesfalls aber eigene Daten in die angegebenen Webadressen eingegeben werden.

Wenn z.B die SMS „Aktualsierung der DHL-Versand Zustellung" lautet, ist höchste Vorsicht geboten.

Kennzeichen für derartige Phishing-Nachrichten sind oft Schreibfehler in der Nachricht, ortografische Fehler, keine persönliche, namentliche Anrede oder z.B. getarnte email-Adressen (Fälschung der Webadressen-Angabe), nämlich mit den Namen bekannter Unternehmen.

Anbei einige Vorschläge für SMS.

So kann es nicht mehr vorkommen, dass man nicht weiß: Was soll ich SMSen?

Textvorschläge

DEUTSCH

- Imkergruß: Sum sum süß Heil
- Steig aufd Saf und rutsch in Urwald
- Fremd bin ich eingezogen, fremd zieh ich wieder aus
- Hupf in Gatsch und schlag Wellen
- Du varhungerte Oktobergölsen

- Die Haarlemer Klopftrotteln
- Mein Ritter, was soll ich? Das Schwert oder den Dollich?
- Durch des Bergstroms trockne Rinnen wind ich ruhig mich hinab
- Die Mamsell soll die Schokolade bringen
- Da kommt mein Fischfutter
- Und der Großmutter ihr Kaffeehäferl hau i zsamm!
- Zur Sache, Schätzchen
- Erwirb das Gütlein!
- Schwester, die Flasche!
- Das wird noch bös enden
- Finster wars der Mond schien helle
- Die TAN für Ihre Munitionsbestellung lautet: 0815
- Mut zeiget auch der Mameluk – Gehorsam ist des Christen Schmuck
- Ach wie gut dass niemand weiß dass ich Rumpelstilzchen heiß
- Ei, ei, Du Schelm!
- Also sprach Zarathustra
- Kauft Ananas aus Caracas!
- Gruss vom Stuxnet-Wurm
- Beim nächsten Loch hast Du die Ehre
- Horriblikriblifax
- Unrasiert und fern der Heimat
- Ich logiere nur in der Beletage!

- Steh früh auf, machs Maul auf, hör bald auf!
- Wer hat noch nicht, wer will nochmal?
- Du, du, dalkerter Jagersbua!
- Kein Netzleiberl anziehen!
- Wir ham zu Haus ein Grammofon, das spielt so laut und gibt kan Ton
- Im Sommer gibt's in Speyer Eis, ich esse lieber Eierspeis
- Mein Auto säuft, raucht und ab und zu bumst es
- Ein Witz? Herr Ober: 2 Gabeln zum Kitzeln!
- Blackout? Du hast wohl deine Stromrechnung nicht bezahlt!
- Sumsen ist buper, schicken ist föhn
- Ich glaube, mein Hamster bohnert
- Meine Ziege macht mir Freude, ist ein wundervolles Tier
- Ewig ist der Wald
- Arsen und Spitzenhäubchen
- Der brave Soldat Schwejk
- Gugelhupf muss es sein
- In der Nacht durch die Grinzinger Allee
- Wohin geht ein König oder Kaiser zu Fuß?
- Ritter, Tod und Teufel!
- Kommt man zu spät an im Himmelslogis?

- Steht in der Kurve, steht dort der Tod mit der Bombe zum Wurfe?
- Kriminalwasser
- Schiff Bucentaurus in der Starnberger See
- TAN für Deine Nuklear-Bestellung: D2O
- Haben gewählt?
- Am Gleis 5 fährt ein Lufthansa Airport Express nach Köln
- Hast Du auch ein Zwergerl?
- Lachscarpaccio-Blattsalate: und ein Schluck Blanchet
- Wer anderen eine Grube gräbt, ist Bestatter
- Allah lasse Dir Steine wachsen im Bauch
- Was willst du in der Fremde tun, hier ist es ja so schön
- Mizzi reib mirs Messer aus der Taschen!
- Im Wald und auf der Heide
- Tabak und Rum braucht ein Cowboy
- Also dann bis neunzehn Uhr, Herr Zwanziger!
- Ein Hund kam in die Küche und stahl dem Koch ein Ei
- Erst einmal ein Schluck aus der Buddel Rum!
- Darum tragen alle Jäger immer wieder Hosenträger
- Wohin gehst Du? Den Kaffee destillieren?

- Komm, jetzt trinken wir zusammen noch einen Uhudler!
- Elisabeth hupf ins Bett
- Der Dinosaurier wird immer trauriger
- Wir bringen alles, was ihr Herz begehrt, meistens richtig, manchmal auch verkehrt
- Hier katholischer Hundefriedhof
- Schau, schau? Nix schau, schau! Plem, plem.
- Im Glas ist gesunde Kohlensäure, kein klimaschädliches CO_2
- Wiederhole, was ich sagen wollte
- Fritz! Machs Hosentürl auf und spritz
- Man reicht den Humpen zum Umtrunk, da hockt im Humpen ein Trumm Unk
- Ankommen 13 Uhr, mitbringe Klapperschlange
- In Italien heißt jede Bahnstation „USCITA"
- Sah ein Knab ein Höschen wehn..
- Meine Frau liegt im Bett und raucht
- Auf die Dauer hilft nur Power
- Ein Heller und ein Batzen, die waren beide mein
- Auf der Mauer auf der Lauer liegt a fette Wanzen
- Achtung, Achtung, Luft ist dick: Geigerzähler klick klick klick

- Ich trage, wo ich gehe, stets eine Uhr bei mir
- Pfiffkas!
- Bitte zurücktreten, Zug fährt ab
- Die TAN für Ihre Getränkebestellung lautet: C_2H_5OH
- Hast du Husten, kratzt der Hals, dann nimm schleunigst Biomalz
- Darf ich dir meine Briefmarkensammlung zeigen?
- Nicola: ich bin sexsüchtig, habe Essstörungen und bin alkoholkrank
- Wien – Metropolis, die Hybris
- Schifahren: Das Kollektivhirn auf der Piste
- He baberiba!
- Ehrlich, eine Badehose würde Ihnen vorzüglich stehen!
- Lausbuben! Mit Fensterscheibe auf Apfelbatzen schießen!
- Wer Sorgen hat, hat auch Likör
- Der Teufel hat den Schnaps gemacht
- Der Apfel fällt nicht weit vom Ross
- Jedermann! Jedermann!
- Was Gott tut das ist wohlgetan
- Ich bin der Geist der stets verneint
- Ein fahrender Scholast? Der Casus macht mich lachen.

- Hände hoch! Drei Schritt vom Leib! Wir haben ne Pistole
- Der Käse schmeckt schamlos
- He hallo he, macht Platz, macht Platz, hier kommt der Riese Wullewatz
- Lulli gacki mami glatzenschneiden
- Hallo: hier da, wer dort?
- Der Fisch will schwimmen – der Ochs will saufen
- Mitten in der Wüste steht eine Schillerbüste
- Der Sarg versinkt, die Witwe kichert: Denn sie war allianzversichert
- Zu dir oder zu mir?
- Leck mich im Arsch
- Es lebe hoch der Turnverein!
- Aloha Mantelpaviane!
- Kusch Bubi friss Wurschthaut
- Meine Oma fährt im Hühnerstall Motorrad
- Mein Papagei frisst keine harten Eier
- Der Nikolaus ist eine Missgeburt, er hat Mandarinen im Sack
- Und dann kommt der Prinzregent mit an Kerzel in den Händ
- Wasser ist zum Waschen da
- Wer will unter die Soldaten, der muss haben ein Gewehr
- Kaffee oder Tee?

- Ich schieß den Hirsch im wilden Forst
- Schlangen schlängeln-Stare starren-
  Vögel…zwitschen!
- Wir sitzen vereint in der Laube und jeder
  vergiftet a Taube
- Willem, hast Du gut geschlafen?
- Sieh da, sieh da Timotheus – die Kraniche
  des Ibikus
- Hattu Möhrchen?
- Nimm Paste K2R zur Hand, der Fleck geht
  weg ganz ohne Rand
- Kopfjucken? Schuppen? Da hilft KRA 10,
  sofort und äußerst billig
- Mia san Tier
- Mein Gott Walter!
- Mund und Nase bedecken!
- HATTU VOLLMACHT? Muttu Hose
  putzen!
- Abwarten und Tee trinken
- Möglichst oft: Microsoft
- Boris! Lebst Du noch?
- Herr Wrdlpmpft der sonst nur motzt hat
  schon zum drittenmal gekotzt
- Geben Sie dem Mann am Klavier noch ein
  Bier, noch ein Bier
- Sie sollen leicht zu haben sein, Frau
  Lehrerin

- Im tiefen Keller sitz ich hier, bei einem Fass von Reben
- Infanterie-Kavallerie-Rote Husaren und Haubitzenbatterie
- Salem aleikum – Gummi arabicum – o Mekka und Medina
- Vena laus amoris, pax, drux, goris
- Ich armes welsches Teufli bin müde vom Marschieren
- Deutsche Eiche – deutscher Ast – Prast!
- Wir ham zuhaus ein Grammofon, das spielt so laut und gibt kein Ton
- Gefühl ist alles, Name ist Schall und Rauch
- Du bist reich wie ein Troll
- Erst einmal da kommt das Fressen, zweitens kommt die Liebe dran
- Drittens Boxen nicht vergessen, viertens sauf so viel du kannst
- Ich steh im Regen und warte auf dich
- Schatzi zahlst du mir einen Eierlikör?
- Sie können mich am Abend besuchen
- Der Idiot auf der Brücke
- Mein Herz das ist ein Bienenhaus, die Mädchen sind darin die Bienen
- Das ist der Tag des Herrn
- Füll mir den Schlauch
- Im Frühtau zu Berge, juchhu trallera!

- Stecke deine Nase nicht in fremde Dinge rein
- Ich kenne die chemische Formel von Luft
- Der Lord läßt sich entschuldigen, er ist per Schiff nach Frankreich
- Du führst aber einen auswandelnden Lebensschweif
- In Paris musst du das Quatier Latrin besuchen
- Wenn Ochsen brauchen, an mich denken
- Hirsch heisst der Mann
- Eine Stange Wasser in die Ecke knallen
- Guter Paprika brennt zweimal: wenn er Körper betritt und verläßt
- Ich bin allein auf weiter Flur
- Ja so ein Schirm, der ist famos
- Ein Frage kann nie eine Lüge sein
- Boris, lebst Du noch?
- Nimm Eucarbon und geh zum Thron
- Der Eber er ist missgestimmt weil seine Kinder Ferkel sind
- Ich wollt ich wär ein Huhn
- Wer nicht mehr im Bogen kann, der tritt bitte näher ran!
- Im Wald da sind die Räuber
- Das Schwein begehrt im Dreck zu wühlen
- Sabine, Sabine steht hinter der Gardine
- Gscherte im Pelz

- Bitte zurücktreten, Zug nach Gänserndorf fährt ein!
- Der Tiger von Eschnapur
- Von dem sie besonders schwärmt, wenn er wieder aufgewärmt
- Mein schönes Fräulein darf ichs wagen
- Stumpfsinn, Stumpfsinn ist mein Vergnügen
- Der Cherub steht nicht mehr dafür
- Jetzt hab ich gegessen zwei Kälber, jetzt esse ich noch ein Kalb
- Pfui du muffelst!
- Ich bestell schon mal die Gipser und Kalker
- Stell dir vor, es geht das Licht aus
- Fauler Student! Fall auf die Knie! Bete zu Gott!
- Pfüat di Gott, alter Schimmel, hüaho!
- O du lieber Augustin, alles is hin
- Fürchte Dich nicht!
- Loch in Erde, Form darin, Glocke fertig, bimbimbim.
- Ich kaufe ein Baguette und gehe zu Nannette
- Glaubst Du, mir graust vor gar nichts?
- Resi I hol di mit dem Traktor ab!
- Wie war ich, Cherie?
- Kein Anschluss unter dieser Nummer

- Der See ist klar, die Luft ist rein: der Jäger muss ersoffen sein
- Der Münchner Computerexperte trinkt: HACKER Bier
- Lass Dir raten, trinke Spaten. Prost!
- Veronika, der Lenz ist da! Ich brauche Esoterika.
- Brause: Ist die Frau vom Browser
- Eis am Stiel
- Mit meinen heißen Tränen
- Wer hat an der Uhr gedreht
- Was heißt Eau de Cologne auf französisch?
- Greta fährt mit Rolls-Royce
- Der Taler muss im Tal bleiben
- Auf zu den Säulen des Herakles!
- Hör mal wer da hämmert
- Noch jemand ohne?
- Ich schupf den Laden
- Fährt der alte Lord fort, fährt er nur im Ford fort
- Die Schas-Partei ist fromm
- Wir verkaufen Opferanoden
- Flüssiger Wasserstoff wandert durch alle Materialien
- Kate und William – Harry und Meghan
- Die in der Kreidezeit verhaftete Lehrkraft
- Warnung vor dem organisierten Erbrechen

- Von dem sie besonders schwärmt, wenn er wieder aufgewärmt
- Ich dien
- Die Mitglieder vom Verein „Wandervögel" wollen nur mehr wandern
-

ENGLISCH

-   All Aboard!
-   God save the king
-   Go boys go to Californio
-   See you later under the table
-   Who is afraid of the big fat wulf?
-   Around Cap Horne in the month of May
-   What shall we do with the drunken sailor?
-   The end of the comet you call SCHWANZ.
    You should be ashame of it!
-   What shall we do with the Queen of
    Sheba?
-   Same procedure as every year?
-   Be reasonable, do it my way
-   Stop air pollution, close your mouth!
-   Dinner for One
-   Enjoy your meal! Dig in!
-   Breakfast at Tiffanys
-   Internet of Things
-   Run! Hide! Fight!
-   Fire! Fire! Fire! Fire! Fire down below!
-   Boston Tea Party
-   Carbon Dioxide Removal
-   There is a hole in the bucket, Eliza!
-   Think great, raise elephants!
-   Save water, shower with a friend
-   Road to Paradise

- Royal and Ancient Polar Bear Society
- Blue Jesus!
- In god we trust, all other pay cash
- Lets fetch all buckets aboard, o boys!
- Toilet: Rear Exit
- Maiandacht: I love Mary in the springtime
- I jerked up my pistol and fired twice
- All I want for Christmas are my two front teeth
- Is'nt it a crime 4124 get Bovril
- Stick in the mud!
- Whiskey is the life of men
- Do you feel better now, darling?
- I need champagne!
- Hole in One
- Man in the middle
- Oh what fun it is to ride in a horseshoe open slade!
- How the mighty have fallen
- Little do I care for saltfish
- There was a young lady in Riga, she wanted to ride on a tiger
- A barley ship and a barley crew
- My brother is slum missionary, saving young girls from sin
- Save our souls!
- Happy Cadaver Day
- Mind the firewall

LATEIN

- Quibus rebus cognitis
- Frater orat pro societate
- Inter pedes virginum est puerum gaudium
- Venite adoremus
- Adeste fideles
- Santo subito
- Ex libris
- Puella magistrae monstrat
- Oremus. Flectamus genua! Levate!

- Domine exaudi orationem meam. Et clamor meus ad te veniat.

- Dum spiro spero

- Sic!

- Et cetera

- Lingua Latina: Lex mihi in ars

- Memento homo quia pulvis es et in pulverem reverteris.

- Laudetur Jesus Christus! In aeternum, amen.

- Laudate omnes gentes, laudate dominum.

- Pax domini sit semper vobis cum! Et cum spiritu tuo.

- In initium erat verbum et verbum erat apud deum.
- Probatum est!
- Quod scripsi scripsi!
- Tres faciunt collegium!
- Ecce sacerdos magnus!
- In vino veritas.
- In dubio pro reo.
- Rumpitur invidia!
- Mens sana in corpore sano.
- Quibus rebus cognitis...
- Aequa memento rebus in arduis servare mentem non secus in bonis
- In dubio Prosecco
- Varus, Varus, redde legionelles
- Judex not calculat
- Cogito ergo sum
- Recta sequi
- De saxa loquuntur
- Urbi et orbi
- Suum cuique
- Ad multos annos
- Gaudeamus igitur iuvenes dum sumus

- Salve pater patriae bibus princeps optime
- Pacta sunt servanda
- Si tacuisses philosophus mansisses
- Deus ex machina
- In te domine speravi non confundar in aeternum
- Locus iste ad eo factus est
- Cave cane!
- Divide et impera
- Audiatur etiam altera pars
- Et plebs tua laetabitur in te
- Pro forma
- Sine ira et studio
- Prima facie
- Eo ipso
- Ex ante
- Expressis verbis
- In flagranti
- In medias res
- Ius primae noctis
- Do ut des
- Damnum emergens

- Pappa ante portas
- Lucrum cessans
- Habeas Corpus
- Cum grano salis
- Bona fide
- Casus belli
- Conditio sine qua non
- Coram publico
- Cui bono
- Cuius regio eius religio
- Culpa in contrahendo
- Bona fide
- Si vis pacem, para bellum
- Alea jacta est
- Ave Caesar, morituri te salutant
- Reformatio in peius
- De colores
- Cadaver, iter, ver sind Neutra auf -er
- Canis in cucina venit et ovum rapuit
- Asperges me
- Diabolus ante portas

Weitere fremdsprachige SMS – Ideen

- Adam i Eva – Byk i Karowa!

- Shalom chaverim, le hitra ot

- Ida I volta

- Bona sera seniorita, bella Maria

- Jupo je mat!

- Sandokan!

- Ritirata Cabinetto Clarinetto Maledetto
  Tutti Caputti

- Chacun a son gout

- Caramba!

- Salto angelo

- Honi soit qui mal I pense

- Les Gammas n'existent pas

- Le roi, c'est moi!

- Canna Biz

- El gordo

- Campo santo

- Dieu et mon droit

- Tout malade!

- RAS-PUTIN oder RUS-PUTIN?
- Ce sont les gents avec niveau
- Rashomon
- Om mani padme hum
- Mon dieu!
- Cyrano de Bergerac
- Merde!
- Bon jour, mon cher
- Santiago!
- Allons enfants de la patrie
- Uno momento Maria
- Anthrope! Gnotise!
- J'ai grand a petit ! (= J a)
- Ca va?
- Et vous?
- Ia ora na!
- Panta rei
- Lass Dil laten, tlinke Spaten, plost! (chinesisch)
- Mamma mia! I gonna writa you a lettera!
- Le Tastevin